아득하게 그가 나를 부르는
소리가 들렸다

**아득하게 그가 나를 부르는 소리가 들렸다**

시산맥 기획시선 140

초판 1쇄 인쇄 | 2024년 10월 25일
초판 1쇄 발행 | 2024년 10월 31일


**지은이**  김종원
**펴낸이**  문정영
**펴낸곳**  시산맥사
**편집주간**  김필영
**편집위원**  신정민 최연수
**등록번호**  제300-2013-12호
**등록일자**  2009년 4월 15일
**주소**  03131 서울특별시 종로구 율곡로 6길 36. 월드오피스텔 1102호
**전화**  02-764-8722, 010-8894-8722
**전자우편**  poemmtss@naver.com
**시산맥카페**  http://cafe.daum.net/poemmtss

**ISBN** 979-11-6243-524-3 (03810) 종이책
**ISBN** 979-11-6243-525-0 (05810) 전자책


값 12,000원


*이 책은 전부 또는 일부 내용을 재사용하려면 반드시 저작권자와 시산맥사의 동의를 받아야 합니다.
*이 책은 교보문고와 연계하여 전자북으로 발간되었습니다.
*본문 페이지에서 한 연이 첫 번째 행에서 시작될 때에는 〈 표기를 합니다.
*저자의 의도에 따라 작품의 보조 동사와 합성 명사는 띄어쓰기가 달라질 수 있습니다.

아득하게 그가 나를 부르는
소리가 들렸다


김종원 시집

| 시인의 말 |

또 한 해가 지나간다.
요즘 들어서 별 이유도 없이 초초해지고
자꾸 서둘러야 할 것 같은 생각에
허둥대는 일이 잦아졌다.
나이가 들어서 일 수도 있겠지만 이루지 못한 일들이
이대로 영영 묻혀 버릴 수도 있겠다는
조바심 때문인지도 모르겠다.
늦은 밤 혼자 멍하게 앉아 이 생각 저 생각하고 있는데
갑자기 비가 세차게 창문을 흔들어 댄다.

빨리 나와 보라고 재촉하는 듯 보챈다.

새벽어둠을 가르는 고양이의 날카로운 울음소리가 가슴을 서늘하게 한다.

부디 이 땅에 살아 있는 모든 생명들이 평안하게 잠자리에 들 수 있어야 할 텐데….

자꾸 비는 내리고 잠이 오지 않는다.


2024년 09월 25일
김종원

■ 차 례

## 1부

| | |
|---|---|
| 봄꽃 | 19 |
| 꽃 1 | 20 |
| 풀꽃 1 | 22 |
| 행복꽃 | 24 |
| 눈물꽃 1 | 26 |
| 웃음꽃 | 28 |
| 망각꽃 | 30 |
| 꽃 | 32 |
| 사랑꽃 | 34 |
| 꽃 2 | 36 |
| 거기꽃 | 38 |
| 눈꽃 | 40 |
| 이별꽃 | 41 |

## 2부

| | |
|---|---|
| 서리꽃 | 45 |
| 눈물꽃 | 46 |
| 겨울꽃 | 48 |
| 분노의 꽃 | 50 |
| 별꽃 | 52 |
| 그꽃 | 54 |
| 그림자꽃 | 56 |
| 바람꽃 | 58 |
| 바람꽃 1 | 60 |
| 너꽃 | 62 |
| 얼음새꽃 | 63 |
| 가을꽃 | 64 |

## 3부

| | |
|---|---|
| 오늘 내가 본 들풀 | 69 |
| 내가 나에게 | 70 |
| 어머니 11 | 72 |
| 바람은 늘 같은 바람인데 | 74 |
| 힌남노 | 76 |
| 문득 찾아온 이별 | 77 |
| 살아가다, 문득 | 78 |
| 뻘밭 | 81 |
| 달에게 | 82 |
| 소낙비 | 84 |

## 4부

| | |
|---|---|
| 이별은 1 | 89 |
| 아득하게 그가 나를 부르는 소리가 들렸다 | 90 |
| 동전 양면 | 92 |
| 간벌間伐 | 95 |
| 행복 | 98 |
| 슬픈 날들 | 100 |
| 후회 | 102 |
| 이별의 순간에는 | 104 |
| 너도 새 | 106 |
| 너를 사랑하면 내가 행복해진다 | 109 |

## 5부

| | |
|---|---|
| 참 희한한 나라 | 115 |
| 이별은 | 116 |
| 아름다운 세상을 위하여 1 | 117 |
| 구덕포에서 | 118 |
| 산마을 | 120 |
| 기억 지우기 | 122 |
| 문득 다시 오월이 오면 | 124 |
| 그리운 날은 그리운 이름들이 생각난다 | 126 |
| 행복 1 | 128 |
| 장생포 고래 | 130 |

■ 나의 문학론 | 김종원(시인)　　　133

1부

# 봄꽃

어제 저녁 살금살금
비 다녀간 뒤
꽃이 피었다

긴 겨울을 숨죽이며
견디어 온
꽃

아침마다
말갛게 웃으며 인사하던
그 아이 같은

꽃이 피었다

비 개이고
바람결에 살랑살랑 치맛자락 날리며
그렇게 우리가 기다리던
봄이 왔다.

# 꽃 1

꽃이 피었어요 빨간

봄이 오려나봐요
움츠리고 있던 어깨 펴고
준비해야겠어요
아직은 아니라고
막연히 기다리고 있을 때가
아니예요

꽃이 피었어요 빠알간
조금 더 가까이
봄이 오고 있나봐요
긴 겨울 가슴 조이며
기다렸던
그 날이 지금
성큼성큼 다가오고
있나봐요

꽃이 피었어요 빠알간 꽃이
〈

말간 햇살이 볼을
어루만져주네요
이제나저제나 기다렸던
봄이 왔나 봐요

움츠렸던 생명들이
일제히 고개를 내밀고
일어서네요

가슴 벅찬 순간이예요

아마
세상이 달라지려나 봐요.

# 풀꽃 1

함께 어우러져야
아름다운
꽃

힘들 때도
거친 비바람
몰아칠 때도
서로에게 어깨를 내어 주며
함께 견디어 내는
넉넉함이 있어
사랑스러운 꽃

서로를 향하여
손 내밀어 주는
따뜻한 마음

늘 함께라서
말없이 마주 보며
싱긋 웃어주면
가슴 찡해지고

〈
서로가 서로의 손 잡아주며
함께 가는 길
너에게 내가
나에게 네가 있어
가슴 뭉클해지는
순백의 꽃.

## 행복꽃

특별해지지 않아도
더 예뻐지거나 멋있어지지
않아도
행복은
보고 싶은 사람
보고 싶을 때 볼 수만 있으면
되지
골목길 지나가다
우연이라도 만나게 되면
밤새 안녕하냐고
밥은 먹었냐고
서로 안부 물어봐 주고
아프지 마
늘 건강 조심하고…
손 흔들며
아무 일 아니라는 듯
가던 길 뚜벅뚜벅
걸어갈 수 있는 이 순간이
참 행복이지
특별할 일 없어도

그저 아무 일 없어 다행이라고
살아가는 일이
다 고만고만한 것이라고
툭툭 털어 버리며
씩 웃어넘기는
너
바라보면 가슴 울컥해지는
꽃.

# 눈물꽃 1

비가 내린다
막 피어난 꽃
정수리에 내려
얼굴을 타고 내려
땅속 깊이 스며든다

비가 내린다
아니라고 아니라고
뿌리치는 손등을 지나
눈가에 맺힌다

슬퍼할수록
눈물이 말라간다
가슴은 딱딱해지고

굳은살처럼
습관이 되어 버리면
아픔도 무뎌지려나

온몸에 어둠을 뒤집어쓰고

초조하게
기다려야 할 사람도 없는데
더는 아무도 오지 않는데
가늘가늘
피었다 지고
다시 피는
꽃.

## 웃음꽃

왠지 멋쩍어질 때는
혼자 하늘 보며 씩 웃어 버리지
일이 잘 풀리지
않거나
몇 시간인지도 모르게
비에 흠뻑 젖어 버린
꽃다발을 들고
발 동동 구르다
돌아가며
몇 번이나 뒤돌아보던
너
흔들려서
꽃 기쁨이 되고
꽃 슬픔이 되고
수척해지는 꽃
깡마를수록 힘줄 선명해지는 꽃

웃으면 꽃이 되지
흔들리며
쓰러지고 일어서고

하하하
꼿꼿하게 버팅기고

그 꽃.

## 망각꽃

연필로 꾹꾹 눌러 쓴 듯
남아 있는 삶의 흔적들을
지우개로 쓱쓱 지운다
지워도 말끔해지지 않는
자국이 남아 슬퍼질 때마다
더욱 힘주어
문질러 보지만
때론 선명해지고
때론 겹쳐 흐릿해지기도 하고
어둠을 흔드는 빗소리
온 힘을 다하여 다잡아 봐도
가슴을 흔들며
꽃이 피고
꽃이 지고
바라보면 울컥
외로움은 점점 커져 가고
허겁지겁 달리고 달려 온 만큼
자꾸 미련이 남아요
자꾸 보고 싶고
자꾸 하늘을 쳐다보게 되지요

기다리지 않아도
꽃은 피고
손 흔들지 않아도
꽃이 지네요
잊어야 할 것도
잊지 않으려 움켜잡고 있는 먹먹함도
더는 어쩔 수도 없는데
어둠을 밀며 꽃이 오네요
어둠에 기대며 꽃이 가네요
별들 다 떠난 하늘
바라보면 가슴 서늘해지고
바람 불면 눈을 감아요.

# 꽃
-20211009

비가 내리고
바람 불어도
태연해질 수 있는 것은
쉽게 놓아 버릴 수 없는
간절함 때문이지

서로 다른 얼굴로
서로 다른 표정으로
힘들 때도
서러움에 가슴 시큰해질 때도
아무렇지 않은 듯
어깨를 내 주기도 하고
어깨에 기대기도 하며

괜찮아
괜찮아
견디어 내는 것은
생명을 이어가기 위한
몸부림이다
〈

내가 만난
그 꽃.

## 사랑꽃

아무 말 없어도
가만히 바라만 봐도

가슴 가득
울리던 맑은
파도 소리

손잡고
나란히 걸어도

너만 보이고

턱 괴고 앉아
눈 감아도

더욱 선명하게
보이던
너

바람 소리에

얼굴 붉히며
싱긋 웃는 웃음

바라볼수록
더욱
따뜻해지는

꽃.

# 꽃 2

빤히 쳐다보면
얼굴 붉히며 살랑살랑 고개를 흔드는
너

많이 힘들었어
얼마나 춥고 길었는지 몰라

초조해질수록 점점
멀어지고

멈추어 서서 바라다보면
끝이 너무 가까이 보여

늦은 밤 잠들지 못하는
그리움
문득문득 가슴을 흔들어 놓는
얼굴들

아무 일 아니라는 듯
찡긋 웃어주면

〈
수줍게 고개 숙이며
어깨를 들썩이는
꽃.

## 거기꽃

눈물이 나요
비가 오려나 봐요
바람이 거칠게 멱살을 잡아 흔들고
왠지 창백한 얼굴로
눈만 껌뻑거리다
구름 뒤로 숨어 버리는 별들
할 말 끝내 하지 못한 체
돌아서는
등 뒤로
꽃이 지려고 해요
비가 오려나 봐요
이제
땅속 깊이 뿌리를 내리고
기다려야 해요
누군가 나의 이름을 부를 때까지
너무 깊이 잠들지 말라고
서로
발바닥 간지럼 태워 주며
견뎌야 해요
가끔은 찬바람 불고

눈이 내리고
문득 뒤돌아보면
슬픈 날들이 더 많아 보여요
그래도 온 힘 다해 버팅기며
뚜벅뚜벅 걸어온 날들이 있어
혼자 씨~익 웃을 수 있어요
무표정한 어둠이 바스락바스락
떠날 채비를 하고
꽃이 피려고 해요
비가 오려나 봐요.

## 눈꽃

가만히 바라다보고만 있어도
가슴 후련해진다
소리도 없이 내려 쌓이면
세상 온갖 추잡한 일들이
하얗게 지워져 버리고
금세 세상이 달라진다
탐욕과 거짓
옳고 그름
남 탓만 하는 뻔뻔한
얼굴들
멀쩡한 가슴 쿡쿡 찔러
응어리진
상처의 흔적들
꼬옥 보듬어 주며
어둠 속에서도 온 세상 가득
하얗게 내려
쌓이면
아무 일 없었다는 듯
세상이 달라져 보인다.

## 이별꽃

왠지 너를 바라보고 있으면
눈물이 난다

바위틈 꽉 움켜잡고
서서
밤새 눈가에 촉촉하게
이슬이 내려
슬픈 표정 짓던
그 꽃

바람 불 때마다
점점 앙상해지는
손 흔들며
무표정하게 바라보던
너

너와 헤어져
돌아온 날은
밤늦도록
흐느끼듯 숨죽여 우는
파도 소리 들린다.

2부

## 서리꽃

간밤 꿈에 네가 왔어

창문에 매달려
칭얼대며 꽃이 되었네

이제는 때가 되었다고
눈 말갛게 뜨고
겨울이 왔네

밤새 몸 뒤척이던 어둠 건너
아침 햇살에
눈 반짝이며 웃네.

# 눈물꽃

사람들은 이제
별이 되었다고 한다
사람들은 삼삼오오 모여
수군수군 이제
꽃이 되었다고 한다

웃고 있어도
점점 창백해지는
꽃

사람들은 잠깐
눈물을 훔치다가
돌아서 가고

한순간도
잊을 수 없어
가슴 저린
너

가녀린 꽃

별이 되어 버린
꽃.

# 겨울꽃

내가 잠든 사이
소리도 없이
내려
하얗게 내려
이빨 다 드러내 놓고
나뭇가지에 매달려
꽃이 되었다
사랑하는 사람
손잡고

앙상해진 가슴으로
기다리는 시간들
너무 초조해지지
말라고
두 팔을 흔들며
춤추는
순백의
꽃

햇볕 따뜻해지면

바람 훈훈해지면
땅으로 내려서서
온화한 얼굴로 젖 물리며
어깨 움츠리고
침묵하는
생명들
흔들어 깨우는
가슴 뭉클한

꽃.

## 분노의 꽃

그게 아니야
너무 조급하게 피었다 지고 나면

슬퍼할 겨를도 없어
가끔은 멍하게 지나간 시간들을
되돌려 놓고 싶을 때가 있지

그럴 수 없어서
더 간절해질 때가 있지

그렇게 무표정하게
바라보면
안 돼

가슴이 무너질 것 같아

오늘따라 아무렇지
않은 듯 태연해지기가
죽기보다 힘들다는 생각이 드는 것은
슬픔 때문일까?
그리움 때문일까?

〈
밤늦도록 달빛이 창을 흔들며
슬피 울고

그렇게 손 뿌리치고 가면
안된다며
다시는 만날 수 없을지도
모른다고

고개를 흔들며
아무 말 없이
길가에 우두커니
서서 어깨를 들썩이는

너

손을 놓아 버릴 수도 없어
바라볼수록
더욱 가슴이 먹먹해지는

그 꽃.

## 별꽃

그리움 때문이었을까
반짝 반짝이는
눈

어둠 속에서 더욱
빛나는
너의
간절한 눈빛

기다림 때문일까

바람 불면
가슴 떨려
똑바로 바라볼 수도 없어

눈 감고 누워도
좀처럼 잠들지
못하는 밤

창문 너머로 내려와

붉게 물들며
꽃으로
피어나는

너

가만히
바라보고 서 있는

나.

## 그 꽃

그날 거기에
서 있었다

가녀린 모습으로
바람결 따라
넘어질 듯
애처롭게 웃던
그 꽃

그날
가슴 깊숙이 스며
촉촉하게 적시던
눈 맞춤
이미 오래전
다 잊은 줄만 알았는데

늘 그랬듯이
잊지 말라고
힘들 때도
지쳐 쓰러질 때도

〈
포기하지 말라고
싱긋 웃어주며

거기 서 있었다

그 꽃.

## 그림자꽃

얼마나 더 많은 시간이
흘러가고 나면
아무 일 없었다는 듯이
태연해질 수 있을까
바람 부는 대로
이리 흔들리고
저리 흔들리며
쓰러지지도 않고
부러지지도 않고
꼿꼿하게 버티어 낼 수
있을까
눈물 다 말라버리고
더는 가슴 아프지도 않고
억척스럽게
턱 버티며
살아갈 수 있을까
그저 아무 말 없이
서로를 원망하지도
서로를 그리워하지도
않고

묵묵히
자기 자리를 지키며
자기의 색깔로
피고 지는
꽃
그림자
꽃.

## 바람꽃

쪼그리고 앉아 졸다
깨어보니
비가 내린다
어디 터놓고 하소연도 못 한
서러움들이
터져 추적추적 내려
창문에 매달렸다 미끄러지고
또 매달린다
어둠 저 너머로
기차 소리가 쫓기듯 달려가고 있다
가슴 깊이 담아 두었던
옛이야기들이
기차 소리로 흩어진다
밤이 깊어 갈수록
더욱 아련해지는
흐느낌
어둠을 흔들며
누군가 집을 나서는 소리
들리고
바람결에 어깨를 들썩이며

피었다 지는
꽃
가슴 깊이 남아
자꾸 아려오는 아픔
간직한 채
먼 하늘을 바라보며
서 있는
너.

# 바람꽃 1

일상에 지친 바람이
맨발로 산을 오른다
마스크로 얼굴을 가리고
마주 오는 사람들을 피해
길가로 비켜서기도 하고

외로운 바람이
산을 오른다
기다리다 지쳐 바스락바스락
발바닥 아래 엎드려 운다

더는 가슴 아플 일 없을 거라고
더는 혼자 깊은숨 몰아쉬는 일 없을 거라고
더는 혼자 쓸쓸해지지 않을 거라고

무표정한 바람이
산을 오른다

휑한 발자국 소리만 남기고
툭툭 털고 앙상하게

흔들리며
산을 내려간다.

# 너꽃

어디선가 우리 만난 적 있었을까
돌아보면
너는 싱긋 웃기만 하고

잘 모르겠어

우리가 언젠가
서로의 이름 불러 주며
가슴 뭉클해진 적 있을까

이름이 기억 안 나도
왠지 낯이 익은 것 같아

몇 번이나
뒤돌아봐도

너는
싱긋 웃기만 하고.

## 얼음새꽃*

귓가를 스치는 매서움
서로 의지하며 견디어 낸 겨울
남들보다 일찍 와
노랗게 웃는 봄.

* 복수초의 다른 말.

# 가을꽃

웃고 있네요

눈가 촉촉해지고
쓰러지지는 말자고
서로 팔을 걸고 서서
버텨보지만
바람이 불면
우우 터져 버리는 울음

자꾸 웃음이 나네요

살아가는 일은
툭툭 털고 일어나
아무렇지 않은 듯
돌아서서 혼자 견뎌내는 것

옷깃을 여미고 서서
하늘을 보면
가슴 서늘해지고
〈

잊은 듯 지나온 순간순간의
얼굴들
이름들
가슴 저미는 간절함들 모두
품에 안고

바람 따라
우우 웃으며
길 떠날 준비하네요

하늘 저편으로
달이 지고
바라보다 눈가 촉촉해지고.

3부

## 오늘 내가 본 들풀

위에서 내려다볼 때도
바람 부는 대로 흔들리며
무리 지어 살아가던 모습
참 눈물겹도록 아름다웠지만
눈높이를 낮추고 보니
꿋꿋하게 그들의 삶을
지탱하고 있는
마디마디 팽팽한 힘줄
비로소 보인다
서로 부둥켜안기도 하고
기대기도 하고
받쳐주기도 하고
쏴아쏴아 이 앙다물기도 하고.

## 내가 나에게

문득

지금 가고 있는 길이 어디인지
궁금해질 때는
한적한 낯선 길을 혼자 걸어 보면
보인다
사람들 속에서 보지 못했던 나의 온전한 모습이

지금

서 있는 이곳이 어딘지
궁금해질 때는
당연하게 받아들여 온 현실에서 잠시 벗어나
혼자 멈추고 서서 눈을 감으면
보인다 미처 보지 못했던 내가

떠밀리듯 때가 되면
꽃 피우고
푸르게 푸르게 어우러지고
얼굴 붉히며 후회도 하고

앙상하게 흔들리며
새날을 준비하기도 하고

나는

불안감에 가던 길 차마 멈출 수 없어
바삐 출근하고 퇴근하고
이제 그만 때려치워야겠다고
하고 싶은 일을 해야겠다고
생각하며 출근하고
나를 잊은 채 사람들 속으로
묻혀 버리고
나를 잊어버리고
그렇게 세월은 가고

그러다 가끔 내가 나에게

나는 누구지?

물어보기도 하고.

# 어머니 11

지그시 바라보며
웃기만 하고
어머니
바라보면 자꾸 눈물이 나네
속으로 꾹꾹 눌러 참았던
아쉬움과 서러움은
언제나 이미 돌이키기에는
너무 많이 늦어 버린 뒤에야
간절해지는지
엄마
목이 터져라 불러도
무표정한 얼굴로
괜찮다 난 괜찮다
아무 말 없이
웃기만 하고

《엄마
왜 이래요
이놈아 하고
벼락같이 소리라도 질러야지》

〈
쳐다보면
아무 표정 변화도 없이
그저 창백하게
웃기만 하고
나는 바닥에 풀썩 주저앉아
버리고
엄마
끝내 아무 말 없으시다.

## 바람은 늘 같은 바람인데

바람은 모두 같은
바람인데

어디로 가는지
누구를 만나는지에
따라

살랑살랑 노래가
되기도 하고
꺼억 꺼억 울음이
되기도 하고
쩌렁쩌렁 함성이
되기도 하고

바람은

한결같이 늘 그 모습
그대로인데

때에 따라

누구와 함께 있는가에 따라

산들산들 힘겨운 어깨
쓰다듬어 주기도 하고
사납게 휘몰아치며 광야를
내달리기도 하고
온몸을 불사르며 나뒹굴기도
하네

바람은 늘 그 얼굴
그대로인데.

# 힌남노*

밤새 바람이 불었다
미친 듯이 비가 내렸다
저수지둑 붕괴 위험 하류주민 즉시대피하라고 문자가 떴다
괜찮냐는 안부 전화를 받는다
마당에 있는 벚나무에 둥지를 틀었던 비둘기 부부는
새끼를 지키지 못했다
비둘기 새끼들은 눈도 뜨지 못한 채 눈을 감아 버렸다
나는 마당 여기저기 널브러져 있는
바람의 그림자를 치우고
어미 비둘기는 마당을 돌며
새끼의 흔적을 찾는다
망연자실 깊은 생각에 잠긴다

언제 그랬냐는 듯이
말간 햇살이 등을 토닥인다.

* 제11호 태풍 이름.

## 문득 찾아온 이별

소리 없이
웃음이 나왔다
가슴이 먹먹해지고
아무 생각도 나지 않았다
더는 아무것도 할 수 없는 것이
슬펐다.

## 살아가다, 문득

살아가는 일이
계획대로 되지 않는다는 것을
이미 알고 있지만
끝없이 계획을 세우는 일에
목을 매고
계획대로 되지 않는 것이
잘못 살아온 것인 양
새롭게 계획을 세우고
수정하고
스스로를 맞추어 가기 위해
숨 가쁘게 자기를 몰아세우지만
달라지는 것은 없다는 것을
지나온 시간들을 통해
알지만
왠지 계획을 세우지 않으면
무책임하게 살아가는 것 같아
불안해지는
이 강박증은 누구의 잘못 때문일까

새들은 하늘을 날면서도 똥을 산다

나뭇가지에 앉아서도 똥을 산다
전깃줄에 앉아서도 태연하게 잠을 잔다
그래도 아무 일도 일어나지 않는다
매 순간 최선을 다하며 일상을 살아갈 뿐이다

남아 있는 날들보다
살아온 날들이 곱절은 더 많은데도
미리미리 계획을 세워야 한다고
스스로를 억죄고
미리 계획을 세우고
준비하지 않으면
이미 늦어 버린다고
초조해하지만

살아가다, 문득
힘들 때는
길바닥에 털썩 주저앉아 버리기도 하고
늘어지게 한숨 자 버리기도 하고
내가 누구인지
무엇이 되고자 달려왔는지

잠시 다 내려놓고

지금은 곁에 안 계시는
아버지 생각도 해 보고
엄마 크게 한 번 불러 보기도 하고

외로움이 쌓이고 쌓여
짓물러진 일상과 함께 뒹굴다 보면
살아가는 일이 늘 팽팽하게 당겨지지 않아도
된다는 것을 알게 되지, 편안해지고

아무 일도 일어나지 않는다

의식하지 않아도 조금씩
단단해져 갈 뿐이다.

## 뻘밭

그렇게 무작정 나아가면
안 된다고
발을 잡는다

발버둥 쳐도
소용없다고
움켜잡은 발을
놓아주지 않는다

발이 빠져나오기도
전에
성급하게 상체가 먼저
나아가면
엎어지고 만다고

서두르지도 말고
욕심부리지도 말고
한 발 한 발 차근차근 나아가야 한다고

조급한 나의
발목을 잡는다.

# 달에게

이제야 알겠어
살아간다는 의미를
너를 보며
얼굴이 점점 창백해져 가는
일이 때론
가슴 뭉클해질 수 있다는 것을

이제야 알겠어
살아가면서 또 때론
수줍어 웃거나
어깨를 짓누르는 삶의 무게
온 힘 다하여 버팅기며
견뎌 내는 일이
가슴 뛰게 할 때도
있다는 것을

그런데
아직은 모르겠어
가슴이 텅 빌수록
외로움은 왜 커져 가는지

〈
사랑할수록
가슴 한구석이
아려 오는지를.

# 소낙비

예상은 한 일이지만
나도 모르게 깜작깜작 놀라게 되는 것은
아직도 미련이 남았다는 거지

하늘을 가르듯 소리 지르며 내달리는
저것은
뭐지 항상 폭력이 앞서는 현실을
대책 없이 바라보고만 있어야 하는

우산을 쓰면 온전할 수 있을까
반쪽만 젖는 것과
완전히 젖어 버리는 것

어느 것이 덜 억울할 수 있을까

젖지 않으려고 발버둥 친 일이
그나마 다행이라고 위안받으려면
뭘 버리면 될까

모든 것이 온전할 수 없는 것

그것이 살아가는 일이라면
언제쯤 포기해야 늦지 않았다고

안도의 숨 몰아쉬며
다시 일어서면 되지

말없이 꼬옥 안아 주면
그나마 위안이 될 수
있을까.

**4부**

# 이별은 1

오늘 아침 잠에서 깨어보니
키우던 어린 토끼
한 마리가 죽었다
어제 마지막 보았을 때처럼
이름을 불러도 아무런
반응이 없고

바라볼수록
가슴 먹먹해지는 고통은
언제나 남겨진 자의
몫이 되고

세월이 가도
아무리 부딪치고 깨지고 굴러도
왜
단단해지지 않는지

이별은.

# 아득하게 그가 나를 부르는 소리가 들렸다

간밤에
그가 나를 불렀다
어서 가라는지 빨리 오라는지 그가 손짓했고
아득하게 그의 목소리가 떨렸다

바람이 앙상해진 나뭇가지를 흔들어 댄다
세상이 자꾸 어지러워지면 나의 믿음도 흔들리지 않을는지
지나온 시간만큼 퇴색되어 앙상해져 버린
얼마 남지 않은 생각들마저 하나둘 떨어졌다

이젠 태연해져야 할 텐데
그림자를 끌며 안개가 골목을 돌아 바삐 지나간다

어둠이 깊어지면 표정 없이 먼 곳을 바라보며
흔들리던 눈빛
창문에 착 달라붙어 흐느끼는 별 그림자

멀어질수록 그의 목소리가 자꾸 떨렸다

내 걱정은 하지 말라고

너만 잘 지내면 아무 걱정 없다고

손을 흔들었다

빨리 가라는 건지 어서 오라는 건지
아득하게 목소리가 떨렸고

그가 나를 부르는 소리가 들렸다.

## 동전 양면


 바다와 마주 보고 서면 왠지 종합검진 받는 날처럼 가슴이 오그라들고 긴장된다
 구르고 굴러 안 아픈 데가 없다고 친구는 구부정하게 서서
 투덜거리다 이미 돌아가기에는 너무나 멀리 와버린 길처럼 부자연스럽게 휘어져 버린 허리를 편다
 와르르 달려왔다 하얗게 드러누워 버리는 파도, 깊숙이 숨겨진 눈물의 흔적들
 파도에 올라 탄 갈매기가 출렁거린다
 출렁거리는 것은 갈매기인데 내가 어지럽다
 자기의 의지와는 상관없는 일들을 견뎌 내는 일이 살아남는 일이라고
 바라만 봐도 속이 울렁거린다
 무표정한 태양이 촉수를 뻗어 내시경으로 몸속을 꼼꼼히 살피듯
 바닷속을 점검한다
 나는 마당에 넝쿨나무들을 심었던 일을 후회한다
 허겁지겁 달려 온 길 되짚어 보면
 가장 불행했던 일인가 싶다가 그때가 천만다행이었다 싶기도 하고
 공장에서 98% 황산 뒤집어쓰고 온몸이 걸레가 되어 버렸

을 때도 안 죽은 것이
　얼마나 다행이냐고 했다 그 사람들은
　연탄가스를 마시고 의식 불명이 되어 죽음의 문턱을 건너온 때도
　이렇게 의식이 돌아온 것이 참 다행이라고 했다 그 사람들이
　살고 죽는 일이 동전의 양면 같다고, 이렇게 했으면 괜찮았을 것을 그렇게 해서
　그렇게 되었다고, 그래서 그렇게 하면 힘드니까 이렇게 해야 한다고
　그나마 생각에 따라 슬픔의 무게가 달라질 수 있어 깊은숨 몰아쉬며 안도한다
　어디론가 끝없이 연결된 길에 익숙해진 우리는
　우연히 마주치는 막다른 길에 당황하게 된다
　살아가다 보면 뒷걸음질이 필요하다는 것은 알지만
　마주치면 생각이 복잡해지고 불편하다
　아픈 데가 없어도 병이 소리 없이 찾아온다는 말에 온몸을 뒤지고도
　찝찝한 마음 떨쳐 버리지 못하고 불안한 표정이다
　어깨에 어깨를 걸고 달려오는 파도 소리에는 파랗게 질려 벌벌 떨던 사람들이

잊어버릴 수 없어 가슴에 묻어 두었던 이야기들이 쌓여 있다
 쓸쓸함이 가슴을 흔들어 놓고 늦은 밤 누군가 떠나는 거친 숨소리가
 바람 소리에 쓸려 버린다
 세월이 가고 간절함이 깊어질수록 파도 소리는 축축해진다

 두려움 다 떨쳐내고 나면 길이 보일까
 가슴 속 두려움 다 내려놓을 수는 있을까
 왜 그렇게 생각하냐고 따져 묻지 않아도 될까
 동전 양면처럼 답답한 마음 돌려놓기만 하면
 가슴을 짓누르던 분노의 무게가 달라질 수 있다는 것이
 그나마 위안이 될까
 사람 사는 세상 쉬운 일은 어디에도 없다.

## 간벌間伐


잘려 나간 나무들이 산비탈 여기저기 내동댕이쳐져 있다
한결같이 부실한 놈들이다 소심하여 당당하게 똑바로 서지 못하고
구부정하게 서 있거나 성장이 더딘 것들이거나 잡목들이다
경쟁에서 자유로울 수 없는 것은 나무들이나 인간들이 매한가지다
경쟁에서 뒤처지지 말아야 한다는 것을 본능적으로 알지만 의지로만 되지 않는 일이다
개천에서 용이 날까? 개천에서 난 용이 승천하는 것을 본 사람 있을까?
전기톱이 지나간 자리마다 온 힘을 다하여 몸부림치며 살아온
삶의 흔적들이 고스란히 남아 있다
경제적 가치가 선의 기준이 되는 것이 어제오늘의 일은 아니지만
저리 비키라고 그냥 두고 볼 수는 없다고 전기톱이 소리를 지른다
얼굴 번질번질한 그가 너희들을 내가 돌봐 주겠다고 벌겋게 소리친다
나에게 걸리적거리지 않는 놈들만이라는 말은

입 밖으로 나오지 못하게 꿀꺽 삼켰다

(그가 떠나간 뒤
비가 내려요
아무렇지 않은 듯 눈을 감아도
축축이 젖어버려요
태연해지려고 해도 기분이 더러워요)

밑동 잘려 나간 나약한 목숨들이 살아남은 나무들 사이사이로
체념하듯 누워 있어요
가슴 조이며 달려 온 순간들 다 내려놓으니 밤새 비가 가슴 깊숙이 안기네요
앙상하게 흔들리는 바람 소리 따라 겨울이 가고 있어요
언 땅 뚫고 수줍게 피어난 복수초 얼굴 위로 노란 봄이 성큼 다가와 싱긋 웃어요

뿌리로만 엉키며 견디어 온 겨울
무사해서 다행이라고 웃는 봄
〈

아니라고 그게 아니라고 고개를 가로저으면서도 끝내 포기할 수 없었던 꿈
다 내려놓고 누워 있는 간벌 당한 나무들
더는 서러워하며 잠 설치지 말라고 바람이 어깨를 흔든다
산자락을 타고 내려오는 이 어둠 속 어디에선가는 가슴 조이며
웅크리고 앉아 있는 사람이 있다

비 그치고
바람이 산비탈을 달려간다
이 밤 누군가 이별을 준비하고 있다 이제 더는 서러워하지도 말고
언젠가 그 날이 오면 다시 만나자고 손을 흔든다.

# 행복

아직
꿈이 있어 행복하다

꿈을 찾아 나선 길
때론 가슴 먹먹해지기도 하고
때론 막막함에
가슴 뜨거워지기도 하고
문득 돌아보면 지나온 시간들
아득하기만 한데

간절함이 있어 행복하다

무엇을 위하여
그토록
숨 가쁘게 달려왔는지
이른 새벽 어둠 속으로
발자국 소리만 남기고
집을 나서던 일
늦은 밤 어둠에 젖어서야
휘청휘청 돌아오던 일

〈
세월이 가도 잊히지 않는
기억의 흔적들

가 닿을 곳
알 수 없어
더욱 아득한 길

이른 새벽
어둠의 흔적 더문더문* 남아 있는
이 길 따라
꿈 찾아 나서면

콩닥콩닥 가슴 설레는 일
아직 있어
행복하다.


\* 드문드문의 경상도 사투리.

## 슬픈 날들

어디야 여기는
가슴이 꽉 막혀 뭐라고
해야 할까요
답답해요
하늘만 쳐다보게 되네요
여기 이 나라
가장 욕심 많은 인간 본성에
범벅된 자들이
마치 신이라도 된 듯
사람들의
정신을 흐려 놓아요
보이시나요
휘청거리는 일상의
흔적들
뭐 더는 어찌할 수도 없어요
버텨야 해요
쓰러지지 말고
포기하지 말고
저길 봐요
아무도 책임지지 않아요

참 뻔뻔스러워요

어쩌지요

손 꽉 움켜쥐고
버텨봐야지요

그 날이 올 때까지.

## 후회

긴긴날
정글을 달리듯
앞만 보며 스쳐 지나온
순간순간

손톱 밑에 박힌
가시가
너무 아파

보지 못한 일상과
보여도 건성건성
넘겨버린 일들이

이미 돌아설 수 없을 만큼
멀리 와버린 후에
문득문득 생생하게 살아나
멍하게 생각에 잠기고
자다 깜짝 놀라 깨면

안타까움에
가슴 서늘해진다.

## 이별의 순간에는

바라보는 눈빛이 달라요

눈빛에 간절함이 있어요
무슨 말인가 하려다
희미한 미소에 감추어 버리기도 하네요

지나고 나서야 알게 되네요

갑자기 보이지 않아요
흔적이 없어요

어머니도
새끼 토끼도
강아지도

쉽게 잊혀지지도 않아요

꿈속에서도 만날 수 없어요

잊지만 않으면

언젠가 만날 수도 있을까요

궁금해요.

# 너도 새


최대한 빨리 둥지를 박차고
날아올라야지

꿈이라고도 하고
살아남는 일이라고도 하고
비좁은 둥지에서
알궁댕이 맞대고
죽은 듯 있다가도
아등바등 어미가 물고 온 먹이를
차지하려고 입 최대한 크게 벌리며
경쟁하기도 하고

어미가 없는 시간에는
서로의 체온에 의지하며
무료한 시간을
견디어 내었지

어디인지 몰라도

그 날이 오면

하늘 높이 박차고
날아올라야지

어딘지 서툴고
두렵기도 하지만

당당하게 날아올라야지
꿈을 찾아간다고도 하고
식솔들에 대한 책임감이라고도
하고

망설임을 떨쳐 버려야 해
꽉 움켜잡아야지

둥지는 텅 비어 있고
햇살이 가끔 머물다 가고

두려울 때가 없는 것은 아니지만
날개가 꺾여 땅에 떨어져
모든 것을 잃게 될 때도 있겠지만

망설이지 말고
날아올라야지
허공 높이 날개를 펴고

그래야만 돼

더는 피할 수 없어.

# 너를 사랑하면 내가 행복해진다


너를 사랑하면 내가 행복해진다

비바람 거세게 부는 날에는
습관처럼 두 팔 벌려 울타리가 되어 주기도 하고
힘겨워 주저앉으려는 순간에는
어깨를 내어 주고 어깨에 기대기도 하며

너를 사랑하면 내 가슴이 따뜻해진다

힘들 때는 길바닥에 털썩 주저앉아
아무 말 없이 손 꼬옥 잡아주기만 해도
아무렇지 않은 듯 태연해질 수 있는 것은
내가 너를 사랑하기 때문이다

여름 햇살 뜨거운 날은
살랑살랑 팔을 흔들어 그늘이 되어 주고
언제나 곁에서 허허 웃으며 한결같이
그 자리를 지키고 서서 온 힘 다하여 버티는
벽이 되어 주기도 하고
〈

날마다 밥상에 마주 앉아 함께 밥 먹을 수 있는 이 일이
참 행복한 일이란 것을 이제야 알아가고 있어요

잊은 듯 아무 말 없어도 때가 되면 꽃이 되기도 하고
잊은 듯 아무 말 없어도 때가 되면 파랗게 파랗게 어우러져
마음껏 흔들리기도 하고
잊은 듯 아무 말 없어도 때가 되면 조금씩 덜어내며 가벼워지고
잊은 듯 아무 말 없어도 때가 되면 앙상하게 숨 고르며 뿌리
로 온 힘을 모아 버티기도 하지

문득문득 지나온 길을 되돌아볼 때면
언제 여기까지 왔을까 새삼 스치듯 지나가 버린 시간들이
아득하고

너와 걸어 온 길이라 그리 힘들지는 않았다고
밤새 조잘조잘 대던 별들이 아침이면 다 눈을 감아버리지만
아무 일 아니라는 듯 또다시 쫓기듯 달리고 달리고 달리고

아무 일 아니라는 듯 태연해질 수 있었으면 하고 멈추어 서
서 숨 고르기도 하지만

어디 쉬운 일 있느냐고 멍한 눈으로 돌아오는 날 더 많아
깜짝깜짝 놀라며 잠이 토막토막 나 버리게 되는 날
 꼬리에 꼬리를 물고 제자리를 맴도는 걱정들 다 돌려놓을 수는 없지만

 너를 사랑하면 내가 행복해진다.

5부

# 참 희한한 나라

온통 부끄러운 일뿐인데
부끄러워하는 놈 하나 없고
기분 따라 이랬다저랬다 하고
뻔뻔하게 서로를 탓하기만 하는

참 희한한 나라.

## 이별은

이별한다는 것은
쉽게 잊히지 말라고
가슴속 더 깊은 곳에
담아두는 일이다

잊은 듯
아무 일 없는 듯
살다가
문득 보고 싶을 때
꺼내 보며

가슴 먹먹해지라고

불러도 아무 대답이
없다.

## 아름다운 세상을 위하여 1

인간이 아름다울 수 있는 것은
서로를 의심하지 않는 일입니다
정말 인간이 아름다울 수 있는 것은
서로가 서로를 차별하지 않는 것입니다
욕심을 버리고 서로의 아픔
어루만져 줄 수 있는
그리하여 서로가 서로에게 믿음이 되는
세상
나무처럼 들풀처럼 서로 등 기대고
서로에게 힘이 되어 주며
함께 웃고 울며 어우러져 살아가는 세상입니다.

# 구덕포에서

하얀 포말이 밀려 스치는
구덕포
집 나간 어부는 며칠째 돌아오지 않는다

바람은 스쳐 나뭇잎 감싸고
아무도 말하는 이 없다
구덕포의 비명을…

조용함과 적막함이 한순간 위에서
하얀빛으로 스러져 죽고
갈매기의 피맺힌 몸짓으로
밤은 울려 퍼지고 있다

사방은 검은빛 물결에 잠기고
아직 잠들지 못한 촛불 하나
돌아오지 않는 남편을 기다리며
문풍지에 기댄 채 떨고 있다

저 멀리 수평선 너머
구덕포를 부르는 영혼 같은 비명에

마지막 밤을 뒤척거리는 돛단배 선단에 선
늙은 어부의 눈빛이
자꾸만 먼 하늘을 향한다.

# 산마을

산안개
머리 풀고
산에서 내려와

몇 점
마을을 덮고

들판마다
어린 구름
몇 점

논둑에
나앉은
풀꽃
몇 대

아무도 말하지 않는다

그날의
비명을

〈

어둠이
산자락을 타고
내려와
하나둘
마을을
덮고

굴뚝을
빠져나온
연기가
머리
풀고
산을 오른다.

# 기억 지우기


앙상한 힘줄만 남은
손등 위로
바람이 스칠 때마다
목구멍 깊은 곳으로
점점 가라앉던
간절함

배고프다고
배가 고프다고
배가 고파 못 살겠다고

아 그 간절하던 울부짖음

참 오랜 시간이 필요했어

나무 끝에 매달려
찬바람에 흔들리며
한사코
손사래를 치던
밤

〈
밥을 먹었는데
왜 배가 고프냐고
못 살겠다고
못 살겠다고
길에 퍼질고 앉아
담배 빡빡 피워대며
술주정하던
그 밤

아무렇지 않은 듯 시간은 흘러가고
아무 말 없이
평안한 얼굴을 한 후에야
더는 배고프지 말라고

쌀 한 줌 입에 넣어 드렸던

그날.

## 문득 다시 오월이 오면

올해도 변함없이
물이 오른 줄기마다 형형색색 꽃들이
피어났어요
가슴을 적시며 비 내리던 날
마당의 빈 곳을 찾아
엉켜 있던 모종을 옮겨 심었다
간절한 마음으로
참 많은 일들 겪게 되겠지만
그럴수록 더욱 단단해지겠지

가슴속 깊이 비바람, 뜨거운 햇살 품고
무성하게 자라
보란 듯이 어우러져
꽃도 피우겠지
기죽지 않고 당당하게 턱 버티고 서서

(그래야지
암 그래야지)

살아가다 가끔 황당한 일 있어도 당황하지 마

더는 가슴 졸이지 않아도 돼
이제는.

## 그리운 날은 그리운 이름들이 생각난다

바람 불면
씨불이 살아나듯
새록새록 살아나는 이름들이 있다

가슴을 쿵쿵 흔들어 놓으며
어디론가 흔적 없이
사라져 가던

그날을 잊지 못해
밤새 뜬눈으로 꼬박 새워도
이제 다시는 만날 수도 없어

바람이 불면
눈가를 적시며 촉촉하게 가슴 저미던
이들의 얼굴이

불티 날리듯
흩어져 창백한 별이 되고

고개를 저어도

쉽게 잊히지는 않는다고

밤새 비가 내리고
쿵쿵쿵 가슴을 쓸어내리고

이리 오라고 더는 망설이지 말고
이리 오라고
옷섶을 당기고

바람이 불면

가물가물 아물지 않은
그리움들이
언뜻언뜻 돌아보며 손을 흔든다

아무 일 없었다는 듯이 잊어야 한다고
눈 감아도 바람이 불고
이제는 이제는 혼자 중얼거리며 비가 내린다.

# 행복 1

오늘도 아들의 빨래를 한다

정년퇴직하고 시작한 일
아직 누군가를 위해
해 줄 수 있는 일이 있다는 것이
행복이다

욕실 바닥에
쪼그리고 앉아
비누칠하고
문지르고 헹구고
오늘 하루 동안 있었던
기쁜 일, 슬픈 일, 힘든 일 모두 모두
털어 내고

늘
처음 만날 때처럼
설레는 마음으로
하루를 시작하라고
〈

빨래를 한다

말끔하게 씻겨져 나간
하루
빨랫줄에 매달려
카톡 카톡 온갖 생각들이
온갖 말들이
창백하게 말라가고

지금 뭐하지 잘 모르겠어
나이가 들수록
자꾸 초조해지네

날마다 저녁이 되면
빨래를 한다

아직 누군가에게
줄 것이 있는 것이

행복이다.

## 장생포 고래


내 친구는 장생포에서 태어났다 내 친구는 장생포에서 자랐고
 내 친구는 장생포가 고향이다
 장생포가 고향인 내 친구는 술고래다
 학창시절 학교 앞 허름한 중국집에서 점심 식사로 자장면 한 그릇에
 반주로 고량주 한 병을 먹어 치우던 내 친구는 술에 취하면 장생포 고래
 이야기를 했다 휴일이면 아버지를 따라 고깃배를 타고 바다로 나가
 그물을 끌어올리기도 했다
 팔뚝 깊이 팬 힘줄마다 파도 소리가 추억처럼 묻어 있었다
 그런 내 친구가 살았던 장생포 고래가 잡혀 오고 부위별로 해체되어
 술안주가 되고 수육이 되고 육회가 되어 식탁에 오르기도 하고 가끔은
 주정뱅이가 되어 흔들흔들 거리를 헤매다 길바닥에 누워 잤다
 추억처럼 아련해지고 때론 그리움이 되고 눈물이 되고
 내 친구는 장생포를 떠났고 그곳에는 수족관에 갇혀 동해

거친 파도와
　당당히 맞서며 질주하던 꿈 점점 희미해져 가는 고아롱 장꽃분 고이쁜 고다롱
　수족관이 고향인 고장수가 산다
　왼 종일 제자리를 돌고 또 돌고 인간들을 위해 광대 짓을 하고
　나는 손뼉을 쳤다 손뼉마저 치지 않으면 더욱 깊이 슬퍼질까 봐 영혼 없는
　손뼉을 쳤다 꽃분이는 태어나 바다 구경 한번 못 하고 죽어버린 새끼들의 눈망울
　차마 잊을 수는 없지만 오늘도 아무렇지 않은 듯 광대 짓하고 나면 언젠가
　무리 지어 바다를 누빌 수 있는 날 올 수 있을까
　내 친구는 장생포에서 태어났다 내 친구는 장생포에서 자랐고
　내 친구의 고향은 장생포다 술에 취하면 야 임마 옛날에 있잖아 그때
　말이야 옛날에 집채만 한 고래 끌고 와 부위 별로 해체할 때 있잖아 야 임마
　듣고 있어 야~ 야 임마 밤늦도록 장생포 고래 이야기를 하던

내 친구는 장생포를 떠났고 수족관에는 먼먼 바다를 거침없이 달리고
달리던 아련한 기억들 가슴에 담아 두고 고아롱 장꽃분 고이쁜 고다롱과
수족관이 고향인 고장수가 산다
제자리를 돌고 또 돌고 광대 짓하고.

■□ 나의 문학론

## 간절함이 있을 때 살아가는 일이 훨씬 역동적일 수 있다. 시를 쓰는 일도 그렇다.

김종원(시인)

내 한 편의 시가

어렵게 살아가는 이웃들에게

한 그릇의 밥이 되고 희망이 될 수 있기를……

- 1992년 『흐르는 것은 아름답다』, 하락도서

시를 쓰는 일은 내가 세상 사람들과 나누는 이야기이다.

세상 살아가는 일이 항상 처음과 끝이 명확할 수만 있다면 얼마나 좋을까마는 세상일이란 것이 지나고 보면 늘 아쉬움을 남기게 되는 것 같다.

좀 더 열심히 살아야 조금이라도 이룰 수 있다는 충고 같기도 하다.

올해로 시인이란 꼬리표를 달고 시를 쓰기 시작한 지 30년이란 시간이 지났다.

그때나 지금이나 제대로 된 시 한번 쓰고 싶다.

내가 나에게 하는 변하지 않는 다짐이다.

- 2016년 『새벽, 7번 국도를 따라가다』, 시와소금


오늘도 새벽에 잠을 깼다.

몇 번이나 핸드폰의 시간을 확인하게 되는 것은

나이가 들어도 좀처럼 조급함에서 벗어나기 어려운 삶을

살아가야 하는 현실 때문이리라.

아등바등 지나온 시간들만큼이나

아쉬움도 크지만

시를 쓰기 시작한 지도 벌써 32년째다.


어느덧 거울을 보면 흰 머리카락이 더 많은 나이가 되었다.

지나온 시간들을 되돌아보는 기회가 필요한 시기이다.

- 2018년 『다시 새벽이 오면』, 시산맥

꿈이 있었을까?

죽을힘을 다하여 쫓아가다 보면

꿈이 이루어지기도 하는 걸까?

간절함이 있을 때 살아가는 일이 훨씬

역동적일 수 있다.

나에게는 어떤 간절함이 있었을까?

문득 지나온 시간들을 한번쯤 되돌아봐야겠다는

생각을 하게 되는 것은 어느덧 나이가 들었다는

증거이리라

시를 쓰는 일은 내가 세상과 소통하는 일이며

누군가의 이름을 불러 주는 일이다.

그것은 동시대를 함께 살아 온 사람들과

함께 기뻐하고 함께 슬퍼하고 그렇게 서로

나누면서 행복해지고자 노력하는 일이다.

좀 더 다른 사람들의 아픔에 가슴을 열고 다가서는 사회

함께 공감하는 따뜻한 사회가 되었으면 좋겠다.

   - 2019년 『어둠이 깊을수록 더욱 빛나는 별같이 살라하고』,
                                         시산맥

우리는 늘 자유와 평등을 꿈꾼다.

인류가 출현한 이후 단 한 번이라도 평등한 적이 있었겠냐 만은

그래도 우리는 조금이나마 평등에 가까워지고자 하는 노력마저

포기해 버리면 얼마나 살아가는 일이 단조로워질까.

간절함이 있을 때 살아가는 일이 훨씬 역동적일 수 있다.

힘들고 어려울수록 함께 웃고 함께 울고 그렇게 어우러져 살아가는 사람들과

함께 공감하는 시가 되었으면 좋겠다.

서로가 서로를 향하여 마주 보고 서는 일이 행복한 삶을

살아가는 시작이다.

― 2021년 『길 위에 누워 자는 길』, 시와산문사

어느덧 문단에 발을 들여놓은 지도 38년이 되었다. 그런데도 아직 나의 시는 얼치기다.

살아가는 일이 늘 그렇듯이 너무 욕심부리지 말고 자기 분수껏 최선을 다해야 한다는 게 만고의 진리일 텐데 그래도 좀 더 잘 할 수 있었을 텐데 하는 생각이 드는 것은 욕심 때문인지 모르겠다.

시인들은 가슴앓이하면서 쓴 시들을 시집으로 묶으며 자기가 왜 시를 쓰는지 그 생각을 이야기하게 된다. 시인은 시를 통하여 독자들과 이야기를 나누고 싶어 한다.

즐거움도 분노도 슬픔도 고통도 시간이 지나면서 조금씩 색깔이 옅어지기도 하고 더욱 진한 색으로 변해가며 가슴을 흔들어 놓기도 하는데 한편으로는 이 또한 얼마나 다행인지 모르겠다는 생각이 들기도 한다.

중학교를 졸업하고 부산 해운대에 있는 기계공고로 진학하면서 실습장에서 기숙사에서 교육이라는 미명 아래 자행되던 폭력을 열심히 공부만 하던 16살 어린 나이로 감당하기에는 정말 힘이 들었다. 그런 힘든 시간들을 보내면서 정서적으로 피폐해질 대로 피폐해져 있던 내가 힘들게 자아를 찾아가며 시를 쓰게 되었다.

내가 자란 시골에서는 대부분이 생활이 넉넉하지 못하다 보니 중학교를 졸업하고 상급학교에 진학하지 못한 여자아이들은 학교 운동장에 대기하고 있던 버스를 타고 부산으로 마산으로 뿔뿔이 흩어져 떠났다.

16살 어린 나이로 집을 떠나 낯선 도시의 변두리 봉제공장에서, 염색공장에서 밤낮없이 기계 부품처럼 뺑뺑이 돌며 지쳐가던 그들에게도 시가 조금은 위로가 될 수 있었으면 좋겠다고 생각하던 시기가 있었다.

세월이 가면서 사회는 빠른 속도로 변해갔다. 경제적으로, 기술적으로 급격한 변화를 겪으면서 우리의 생활 방식도 미쳐 따라가기에도 숨이 찰 정도로 변화되었지만 아직도 변하지 않은 많은 것들이 사람들을 힘들게 한다.

시를 쓰는 일은 동시대를 함께 어깨를 맞대고 살아가는 사람들과 나누는 이야기다.

기쁠 때는 함께 웃고, 슬플 때는 손 꼬옥 잡아주고, 함께 분노하고, 함께 즐거워하고.

시인이 모든 사람들의 생각을 다 담아낼 수는 없다. 시인은 시를 통해 자신의 생각을 이야기하고 그 시를 읽는 사람들은 자기의 삶을 그 시 속에 녹여 읽으면 된다.

살아가는 일이 너무나 힘들고 고통스러울 때도 있고 혼자 감당하기에는 너무 벅차 길바닥에 털썩 주저앉아 버리게 될 때도 있다.

그래도 "간절함이 있을 때 살아가는 일이 훨씬 역동적일 수 있다.

나에게는 어떤 간절함이 있었을까? 좀 더 다른 사람들의 아품에 가슴을 열고 다가서는 사회, 함께 공감하는 따뜻한 사회가 되었으면 좋겠다."

한결같이 스스로를 다잡아 가는 일 그것이 살아가는 일이다.
시를 쓰면서 무엇이 더 중요하고, 중요하지 않고 하는 것은 없다.
너무 엉뚱하게 자기 속으로 깊숙이 들어가 다른 사람들과의 소통이 힘들어지지만 않는다면 어눌하면 어눌한 대로 세련되었으면 세련된 대로 진솔하게만 이야기한다면 함께 공감하고 함께 가슴 따뜻해지지 않을까 싶다.

세상에 배부르고 등 따숩게 살아가는 일보다 더 소중한 일이 어디 있을까.

세상이 아무리 변해도 첫 시집을 발간하며 생각했던 말

"내 한 편의 시가
어렵게 살아가는 이웃들에게
한 그릇의 밥이 되고 희망이 될 수 있기를……"

이 말을 늘 가슴에 새기며 시를 쓰기 위해 노력해야겠다는 생각에는 변함이 없다.

내 능력이 모자라 늘 어딘지 좀 모자라는 놈들만 생산해 내고 있어 안타깝기는 하지만 말이다.

어쩔 수 없는 일이다. 그래도 시에 대한 간절함을 가슴 깊숙이 담고 어떤 어려운 일이 닥쳐도 마다하지 않고 진득하게 살자. 가끔 명성을 좇아 끝없이 허물을 벗는 이들을 볼 때마다 가슴 철렁하기도 하고 헛웃음이 나기도 하지만 알아주는 사람 없어도 포기하지 않고 뚜벅뚜벅 한 걸음 한 걸음 나아가는 나 자신을 대견하다고 쓰담쓰담해주고 싶다.